Inhalt

Enterprise Portal

Kernthesen

Beitrag

Fallbeispiele

Weiterführende Literatur

Impressum

GENIOS WirtschaftsWissen Nr. 05/2002 vom 23.05.2002

Enterprise Portal

S.Naujoks

Kernthesen

- Enterprise Portals ermöglichen Mitarbeitern eine web-basierte Informationssuche in sämtlichen Unternehmensdatenbanken und Anwendungssystemen.
- Aufgrund einer effizienteren Informationsversorgung der Mitarbeiter versprechen sich Unternehmen von Enterprise Portalen Kostensenkungspotenziale. (7)
- Flexible Portalstrukturen erleichtern Unternehmen den sukzessiven Aufbau von umfassenden Enterprise Portals. (8)

Beitrag

Wozu ein Enterprise Portal?

Informationen und Wissen haben sich für Unternehmen zu wesentlichen Produktionsfaktoren entwickelt. Aus diesem Grund gibt es in Unternehmen auch zahlreiche Datenbanken mit unzähligen Informationen zu einer Vielzahl an Geschäftsprozessen. Für die Mitarbeiter eines Unternehmens besteht die Herausforderung nun darin, die für die jeweilige Zielsetzung ihrer Arbeit relevanten und erforderlichen Informationen zu finden und zu erhalten.

Welche Möglichkeiten hat ein Unternehmen also, seinen Mitarbeitern genau die Informationen zur Verfügung zu stellen, die sie zur Erledigung ihrer täglichen Arbeit brauchen? Von zentraler Bedeutung sind dabei die sogenannten Enterprise Portals.

Unter dem Begriff Enterprise Portal versteht man eine web-basierte Unternehmensplattform auf die Mitarbeiter über eine zentrale Einstiegswebsite Zugriff auf sämtliche Daten, Informationen und Anwendungssysteme haben, die sie für ihre tägliche Arbeit brauchen. In der Fachliteratur synonym verwendete Begriffe sind z. B. auch Corporate Portals, Enterprise Information Portal oder auch Unternehmensportal.

Mögliche Funktionen eines Enterprise Portals

Ein Enterprise Portal erfüllt im idealtypischen Fall folgende Funktionen (8):

Such- und Analysemöglichkeiten

Ein Enterprise Portal sollte von einer zentralen Einstiegsseite aus eine Suchabfrage in sämtlichen Datenbanken und Systemen eines Unternehmens erlauben. Vorteilhaft wäre beispielsweise neben dieser Pull-Möglichkeit ein Push-Mechanismus, der je nach individueller Zielsetzung und Aufgabenstellung den Mitarbeiter automatisch mit Informationen versorgt. (z. B. Stückzahlenverkaufsübersicht in Abhängigkeit vom Erreichen bestimmter kritischer Größen oder vorläufige Quartalsberichte 1 Woche vor Quartalsende)

Integration vorhandener Anwendungssysteme

In einem Enterprise Portal sind alle Informationen aus operativen Anwendungssystemen, Kommunikationssystemen, Data Warehouse-Systemen oder auch Management Information Systeme in einer Plattform integriert.

Möglichkeiten zur Personalisierung

Der Nutzer des Enterprise Portals kann sich die Einstiegsseite individuell gestalten, gemäß seiner Aufgabenstellung und Funktion. So kann die benutzerspezifische Einstiegsseite beispielsweise bestehen aus seinem Email-Eingangskorb, seinem eigenen Kalender sowie dem Gruppenterminkalender, aktueller Börsenkurs seines Unternehmens und ein aktualisierter Verkaufsbericht des Vortages.

Zugangsmöglichkeiten, Präsentation und Benutzerschnittstellen

In der Regel erfolgt der Zugang zum Enterprise Portal über einen Web-Browser.
Der Zugang sollte sowohl zu internen als auch externen Informationsquellen wie z. B.

Nachrichtendienste möglich sein. Desweiteren ist es natürlich auch wichtig, dass der Zugang nicht nur zu strukturierten Datenbeständen wie im Falle von ERP-Systemen oder Data-Warehouses erfolgt, sondern auch zu unstrukturierten oder auch multi-medialen Informationen wie sie z. B. in Email-Systemen, Dokumenten- oder Content-Management-Systemen vorliegen.
Weitet man die Nutzung von Enterprise Portals auf Kunden, Lieferanten und Partner aus, sollten geeignete Schnittstellen vorhanden sein, die an die jeweiligen Benutzergruppen angepasst werden können.

Single-Sign-On Infrastruktur

Die Portal-Infrastruktur sollte ermöglichen, dass sich ein Benutzer nur einmal über ein Passwort registrieren muss und dadurch gleichzeitig Zugriff auf alle relevanten Anwendungen hat, die seinem Nutzerprofil entsprechen. (8)

Nutzen eines Enterprise Portals

Unternehmen versprechen sich von der Implementierung eines Enterprise Portals eine effizientere Informationsversorgung ihrer Mitarbeiter und damit verbundene teilweise enorme Kosteneinsparungspotenziale. (7)

Risiken und Probleme beim Aufbau von Enterprise Portalen

Die wenigsten Portallösungen unterstützen derzeit alle der oben genannten Funktionen. Heute unterstützen Portal-Lösungen häufig nur einzelne, vertikale Teilfunktionen. (8)

Möchte ein Unternehmen beispielsweise sämtliche Anwendungssysteme in einem Enterprise Portal integrieren, bereitet dies derzeit noch erhebliche technische Schwierigkeiten. (15)

Desweiteren sind beim Ausbau des Enterprise Portals auf externe Nutzergruppen wie Kunden, Partner oder Lieferanten auch Sicherheitsaspekte zu beachten.

Fallbeispiele

Unilever möchte für seine Mitarbeiter ein Enterprise Portal errichten, welches Informationen benutzerspezifisch zur Verfügung stellt. (9)

Die WestLB Systems entwickelte für die WestLB ein Enterprise Portal, welches sowohl die Personalisierungsfunktion als auch die Single-Sign-On Funktion enthält. (10)

SAP Portals hat für seine Produkte mit der Kombination von Portal-Inhalten und Portal-Infrastruktur bereits über 2300 Kunden gewonnen. (13)

Standard- und E-Business-Applikationen sind in Enterprise-Portalen von Materna integriert.

Sun möchte in Zusammenarbeit mit Yahoo die Attraktivität von Enterprise-Portalen durch individuelle Content-Angebote erhöhen. (2)

Das Enterprise-Monitoring-Portal (EMP) "sphinx EMP" von in-integrierte informationssysteme GmbH bettet umfangreiche Prozessdaten in unternehmensweite Informationssysteme ein. (1)

Zusammen mit der IBM-Division Dynamic Workplaces möchte der Lebensmittelhersteller Campbell Soup Co. ein Enterprise-Portal als einheitliche Informationsquelle für seine Mitarbeiter installieren. Die Lösung hierzu beruht auf Lotus Notes und unterstützt die Java 2 Enterprise Edition (J2EE). (3)

SAP Portals verbesserte in einem neuen Release ihrer Software die herstellerunabhängige Systemintegration und die firmenübergreifende Standardisierung von Geschäftsprozessen. (4)

Weiterführende Literatur

(1) ÜBERWACHUNG UND VISUALISIERUNG, Alles unter einem Dach
aus Industrielle Informationstechnik, Heft 5/2002, S. 36-37

(2) Attraktivere Portale Sun One bündelt Yahoo-Content
aus Computerwoche, 17.05.2002, Nr. 20, S. 7

(3) Portal sammelt verstreute Informationen Campbell kocht Java-Süppchen
aus Computerwoche, 19.04.2002, Nr. 16, S. 31

(4) SAP verbessert Software
aus Lebensmittel Zeitung 14 vom 05.04.2002 Seite 028

(5) REALISIERUNG VON UNIFIED CONTENT Die Information steuert das Unternehmen

aus IT Business, Heft 15/2002, S. 29

(6) Integration von Web-Portalen Die Zerschlagung des Gordischen Knotens
aus eCRM profi, Heft 2/2001, S. 36-38

(7) Kosten und Nutzen eines Enterprise Portals - Grob geschätzt: Sehr lohnend
aus is report, Heft 01/2002, S. 10-11

(8) Informationspforte mit Stolperstellen
aus CYbiz Nr. 04 vom 27.03.2002 Seite 030

(9) Unilever optimiert IT
aus Lebensmittel Zeitung 11 vom 15.03.2002 Seite 028

(10) Professionelles Enterprise Portal Management WestLB Systems Internet- und Intranet-Plattformen für Finanzdienstleister
aus Die SparkassenZeitung, 01.03.2002, Nr. 09, S. 10

(11) Enterprise Portal 5.0 von SAP Portals Konkurrenzprodukte im Browser vereint
aus Computerwoche, 05.04.2002, Nr. 14, S. 15

(12) SAP, IBM und Bea konkurrieren um das kommende Frontend Heißer Kampf um den Zukunftsmarkt Portale
aus Computerwoche, 05.04.2002, Nr. 14, S. 14-15

(13) Mit View kommunizieren die Anwendungsfenster auf dem PC-Bildschirm - Das Cockpit für den Arbeitsplatz

aus is report, Heft 4/2002, S. 37

(14) Die ganze Wahrheit für Entscheider
aus Lebensmittel Zeitung 10 vom 08.03.2002 Seite 060

(15) Für etablierte BI-Anbieter wird es schwerer Barc vergleicht Frontends für SAP BW 3.0
aus Computerwoche, 26.04.2002, Nr. 17, S. 16-17

Impressum

Enterprise Portal

Bibliografische Information der deutschen Nationalbibliothek

Die Deutsche Nationalbibliothek verzeichnet diese Publikation in der deutschen Nationalbibliografie; detaillierte bibliografische Daten sind im Internet über http://dnb.d-nb.de abrufbar.

ISBN: 978-3-7379-0409-4

© 2015 GBI-Genios Deutsche Wirtschaftsdatenbank GmbH, Freischützstraße 96, 81927 München, www.genios.de

Alle Rechte vorbehalten. Dieses Werk ist einschließlich aller seiner Teile – z.B. Texte, Tabellen und Grafiken - urheberrechtlich geschützt. Jede Verwertung außerhalb der Grenzen des Urheberrechtsgesetzes bedarf der vorherigen Zustimmung des Verlags. Dies gilt insbesondere auch für auszugsweise Nachdrucke, fotomechanische Vervielfältigungen (Fotokopie/Mikroskopie), Übersetzungen, Auswertungen durch Datenbanken oder ähnliche Einrichtungen und die Einspeicherung und Verarbeitung in elektronischen Systemen.